Cuentos de hadas clásicos con un giro

La gallinita roja

Escrito por Shannon Anderson

Ilustrado por Gal Weizman

Traducción de Pablo de la Vega

Un Libro de la Sirena

SEAHORSE PUBLISHING

Había una vez una gallinita roja que adoraba hacer pan. Era su pasión. Todos los días lo hacía desde cero. Después de todo, cultivaba trigo.

En el mismo corral, vivían un cerdito rosa, una ovejita blanca y una cabrita gris. Querían mucho a la gallinita roja y les encantaba el pan que les hacía. Pero... se estaban empezando a cansar de comer el mismo pan todos los días.

—¡Uhm! ¿Pan de trigo otra vez? —preguntó el puerquito

—¿Podríamos probar una receta distinta? —preguntó la ovejita.

—¿Algo con un poco de sabor? —preguntó la cabrita.

—¿No les gusta mi pan? —dijo asombrada la gallinita.

—No es que no nos guste, pero la variedad siempre es buena —dijo el cerdito.

—¡Quizá podrías intentar hacer pan de sabores distintos! —dijo la ovejita.

—¿Quién me ayudará a encontrar una receta nueva para hacer pan? —preguntó la gallinita.

—No tengo recetario —dijo el puerquito.

—Cancelé mi suscripción a la revista de recetas —dijo la ovejita.

—Mi recetario no tiene recetas para hacer pan —dijo la cabrita.

—Te regalo unos dientes de ajo de mi jardín. ¡Quizá podrías hacer pan de ajo para la cena! —sugirió el puerquito.

Esa tarde, la gallinita picó el ajo e hizo pan de ajo.

El olor del pan de ajo se deslizó por el viento.

El puerquito comenzó a salivar.

El estómago de la ovejita gruñó.

La cabrita pellizcó un pedacito.

—¡Está delicioso! —dijo el puerquito.

—¡Nunca había probado algo tan delicioso! —dijo la ovejita.

—¡El mejor pan de toda mi vida! —dijo la cabrita.

A la gallinita la hizo muy feliz que de nuevo a todos les gustara su pan.

Durante las siguientes semanas, la gallinita hizo pan de ajo todos... los... días.

—Uhm, ¿gallinita? —preguntó el puerquito—, ¿podrías intentar quizá hacer algo distinto?

—Sí —dijo la ovejita—, ¿quizá cambiar de receta de nuevo?

—¿Tal vez podrías hacer algo que no sea pan? —dijo la cabrita.

—¿Algo que no sea pan? —dijo la gallinita roja— ¿Qué más se puede hacer con trigo?

—La pasta se puede hacer de trigo —dijo el puerquito.

—¿Quién me ayudará a hacer pasta? —preguntó la gallinita roja.

—Tengo que cosechar mis tomates hoy —dijo el puerquito.

—Yo estoy cosechando duraznos y cerezas —dijo la ovejita.

—Yo estoy recolectando mis fresas, frambuesas y zarzamoras —dijo la cabrita.

—Quizá puedes buscar un video en línea que te muestre cómo hacer pasta de trigo —dijo la ovejita.

La gallinita roja encontró un video y de inmediato se puso a hacer espaguetis. Miró al puerquito, la ovejita y la cabrita, quienes habían terminado de cosechar ese día.

— Gracias por sus sugerencias —dijo la gallinita roja—. Tengo una propuesta para ustedes.

—¿Sí? —preguntó el puerquito.

—¿Cuál es? —preguntó la ovejita.

—¡Haré lo que sea! —dijo la cabrita.

—Quizá USTEDES podrían hacer algo para agregar variedad a nuestras comidas.

El puerquito, la ovejita y la cabrita no lo habían pensado antes.

El puerquito hizo un poco de salsa con sus tomates y ajos.

La ovejita y la cabrita comenzaron a preparar unas grandes ensaladas de fruta con sus frutas frescas.

Cuando la gallinita llevó los espaguetis a la mesa, una sonrisa se dibujó en su pico.

La gallinita roja, el puerquito rosa, la ovejita blanca y la cabrita gris disfrutaron de una maravillosa y deliciosa comida hecha de espaguetis y ensalada de frutas. Incluso, aprovecharon un poco del pan de ajo que había sobrado y acompañaron su comida con él.

Desde ese día, comieron juntos cada vez y vivieron felices para siempre.

Escrito por Shannon Anderson
Traducción de Pablo de la Vega
Ilustrado por Gal Weizman
Diseño de Under the Oaks Media
Desarrollo de la serie de James Earley
Editora Erica Ellis

Library of Congress PCN Data
La gallinita roja / Shannon Anderson
Cuentos de hadas clásicos con un giro
ISBN 979-8-8904-2579-9 (hard cover)
ISBN 979-8-8904-2853-0 (paperback)
ISBN 979-8-8904-2877-6 (EPUB)
ISBN 979-8-8904-2865-3 (eBook)
Library of Congress Control Number: 2024932662

Printed in Canada/012025/CP20250101

Seahorse Publishing Company
www.seahorsepub.com

Published in the United States
Seahorse Publishing
PO Box 771325
Coral Springs, FL 33077

SEAHORSE PUBLISHING